P. COURTIER et C. FRAPPÉ

La Vallée de la Béronne

SIMPLES NOTES SUIVIES D'UNE

CAUSERIE SUR LES PLANTES INDIGÈNES

PRIX : **1** FR. **50**

MELLE
LIBRAIRIE CHARLES MOREAU
1902

La Vallée
de la Béronne

P. COURTIER et C. FRAPPÉ

La Vallée
de la Béronne

PRIX : **1** FR. **50**

MELLE
LIBRAIRIE CHARLES MOREAU
1902

AVANT-PROPOS

Nous sommes généralement curieux de connaître l'histoire d'un pays lointain, mais nous nous intéressons rarement à celle de notre village, de notre commune, en un mot à l'histoire locale.

Je me demande pourquoi cependant, nous tous qui aimons ce village, ces plaines verdoyantes, ce vieux clocher qui nous a vus naître, nous ne sommes pas plus désireux d'apprendre dans ses menus détails l'histoire de ce petit coin de terre que nous adorons.

Souvent, en effet, quelque obscure que paraisse notre localité, il est dans son histoire bien des faits dignes d'attirer notre attention, et à chaque pas que nous faisons, nous foulons sous nos pieds quelques débris, quelques restes des monuments bâtis par nos ancêtres.

La plupart du temps ces débris, muets par eux-mêmes, sont cependant d'éloquents vestiges d'une ancienne splendeur ensevelie aujourd'hui à jamais sous les décombres. (Sic transit gloria mundi.)

Là, comme ailleurs, le temps a fait ses ravages. Les années, les siècles se sont écoulés, et peu à peu ces constructions d'un autre âge sont tombées de vétusté, ou le plus souvent ont été détruites pendant les guerres néfastes dont notre pays a tant de fois senti les calamités.

Tous ces faits, nous dira-t-on, ne peuvent vraiment intéresser que l'homme naturellement curieux et réfléchi ; mais, comme nous estimons que beaucoup sont doués de ces deux qualités, nous avons décidé de réunir à leur intention les quelques notes qui vont suivre, tout en sollicitant l'indulgence de ceux qui nous feront l'honneur de lire ce modeste essai de leurs dévoués compatriotes villageois.

P. C. et C. F.

LA VALLÉE DE LA BÉRONNE

La Béronne fait partie du bassin de la Charente ; elle prend sa source dans la commune de l'Enclave de la Martinière (Deux-Sèvres), passe à Melle, Saint-Romans, Forochon, Le Châtelier, Gennebrie, Mairé, La Gresolle, Vilaine, Téré, Badane, Séligné, puis se jette dans la Boutonne.

La Béronne a environ trente kilomètres de cours ; elle se trouve tout d'abord encaissée dans une vallée très étroite depuis sa source jusqu'à Saint-Romans. Là, cette vallée s'élargit progressivement, et bientôt nous remarquons qu'à droite et à gauche s'étendent quelques prairies.

A Vilaine, la vallée de la Béronne se confond avec les vallées de la Boutonne et de la Belle, qui forment ensemble les riches prairies de Périgné, de Vernoux, de Secondigné et de Séligné, connues sous le nom de Pays-Bas.

En suivant le cours sinueux et pittoresque de la Béronne, on ne peut s'empêcher d'admirer la beauté de ses rives, ses gracieux contours ; on sent un bien-être extraordinaire s'emparer de soi-même. Le doux murmure de son eau limpide produit sur nous l'effet d'un fluide magnétique qui nous arrête dans notre marche et nous oblige à nous reposer sur ses bords enchanteurs.

Si vous le voulez bien, ami lecteur, nous allons profiter de l'ombrage que nous offre ce chêne séculaire qui dresse sa tête majestueuse dans l'espace.

Il se moque du vent et de la tempête, ses rameaux touffus peuvent fournir un abri contre la pluie et un ombrage contre les ardeurs du soleil.

La nature nous a en outre préparé un magnifique tapis de mousse ; tout en un mot nous engage au repos et à la méditation.

Là, nous pourrons à notre aise suivre de l'œil la course capricieuse de cette charmante rivière qui semble nous narguer pour exciter notre curiosité.

Ainsi, en face de l'endroit où nous sommes, on dirait qu'elle dort, on entend à peine le murmure de ses eaux, on croirait qu'elle s'en va avec regret, comme si ce vieux chêne géant exerçait sur elle son influence, qu'il la fascinerait, qu'il la tiendrait pour ainsi dire en arrêt comme un serpent charmeur subjugue l'oiseau sous son regard trompeur.

Mais elle n'est pas ainsi tout le long de son parcours : de distance en distance elle accélère sa course, comme si elle avait hâte de regagner le temps perdu. Quelquefois même, pendant l'hiver, ses eaux sont blanchies d'écume aux endroits les plus rapides, et elle déborde dans les prairies riveraines en nappes claires et unies.

N'est-il pas permis à l'auteur d'oublier un instant son sujet ? Absorbé par la contemplation des étranges beautés de la nature, il devient parfois rêveur, et après avoir joui avec délice de ce grandiose spectacle il se trouve tout à coup comme anéanti.

Il sent sa petitesse ; il voit combien il est peu de chose dans l'immense univers. Pauvre fleur à peine éclose, qui tombe bientôt flétrie au premier souffle du vent.

La course vagabonde de cette rivière ne nous représente-t-elle pas le passage de l'homme sur la terre.

La vie humaine n'est-elle pas semblable à cette eau ? Comme elle, entraînée par une force irrésistible elle s'en va pour ne plus revenir.

De même que la rivière, emportant avec elle une feuille, une branche, un souvenir, va se perdre dans ce gouffre qu'on appelle l'Océan, de même la vie humaine, emportant le regret des uns, le désespoir des autres, s'éteint dans cet insondable infini qu'on appelle la mort. . . . .

Mais laissons là ces sombres réflexions et revenons à notre vallée. Nous sommes d'ailleurs tirés de notre rêverie par le chant du rossignol qui, caché dans la feuillée, fait entendre son éternel roman d'amour. Voilà que nous essayons de découvrir la retraite de ce joyeux chanteur, mais nous éprouvons vite une déception, car il disparaît aussitôt et va répéter ses chansons à d'autres moins indiscrets.

Si nous poursuivons notre promenade en longeant la rivière, nous avons sous les yeux une suite de tableaux des plus charmants. Ce sont tantôt de grands peupliers dont les cimes argentées semblent monter jusqu'aux cieux, tantôt au contraire des saules raccourcis dont les rameaux touffus retombent vers le sol.

On dirait que la nature a voulu dans un beau désordre disposer avec art les ornements qui parent ces lieux privilégiés.

Les chèvrefeuilles s'entrelacent pour former des berceaux magnifiques à l'ombre desquels les amoureux se font de si douces promesses et aiment à rêver à leur bonheur futur.

Le lierre grimpant cache dans ses replis tortueux une gentille couvée qui bientôt prendra son essor et enrichira la vallée d'une foule voltigeante de joyeux musiciens.

Le grillon invisible caché dans l'herbe fleurie fait entendre son éternel cri-cri.

Les prairies sont émaillées de fleurs qui embaument l'air de leur doux parfum ; chaque jour les abeilles y viennent chercher leur butin, et le soir regagnent leur ruche emportant leur précieux fardeau.

De temps en temps un laboureur traçant un sillon dans la plaine voisine, entonne de joyeux couplets, et l'écho de ses chansons vient vibrer jusque dans la vallée. Ou bien encore c'est un charretier déchirant l'air de coups de fouet stridents ; son attelage ainsi excité répond en agitant ses grelots, dont on entend de loin le son monotone et aigu.

Tout cela forme une harmonie singulière qui néanmoins flatte l'ouïe ; on se sent transporté d'aise, on éprouve des émotions qui donnent le vertige ; on se laisse bercer par de douces illusions qui font oublier le reste du monde.

Il semble à nos yeux émerveillés que le Créateur a réuni dans ce coin de terre qui nous environne tout ce que l'homme peut rêver de beau, d'agréable et d'utile.

Ce n'est donc pas surprenant si cette vallée fut habitée dès les temps les plus reculés.

Autrefois, en effet, les peuples nomades, n'ayant pour ainsi dire d'autre abri que ceux que leur offrait la nature, s'établissaient de préférence dans les vallées. Là ils étaient au moins à l'abri des vents, puis ils avaient en outre à leur portée du bois, de l'eau, du gibier, du poisson.

Aussi il n'est pas rare de rencontrer dans la vallée de la Béronne des débris des époques celtique et gallo-romaine.

Les premiers peuples qui s'y établirent s'aventurèrent jusque dans la Gâtine pour y chasser les fauves, puis ils revinrent y chercher un abri pour leurs familles, s'y trouvant mieux placés pour résister aux tribus nomades.

Melle

La ville de Melle s'élève dans un site charmant ; elle domine la campagne de tous côtés.

Son origine remonte à la plus haute antiquité ; elle porta le nom de *Metullum* à cause de ses mines d'argent et de plomb.

M. Rondier pense que les mines de Melle ont été exploitées par les Gaulois.

En 1353, le roi d'Angleterre, maître du Poitou, donna la seigneurie de Melle au prince de Wooddstock qui la conserva jusqu'au moment où Duguesclin chassa les Anglais du Poitou.

A cette époque, les vicomtes de Melle disparurent et les rois de France réservèrent cette ville comme fief direct. La fête de la Bachelerie, dont l'origine remonte aux vicomtes de Melle, existe encore et se célèbre chaque année.

Melle eut beaucoup à souffrir des guerres de religion.

Les principaux monuments de cette ville sont l'Eglise Saint-Pierre, monument du XIIe siècle, l'Eglise Saint-Hilaire, des XIe et XIIe siècles, et l'Eglise Saint-Savinien, qui, depuis quelque temps, a été convertie en prison. Le Palais de justice est une construction moderne.

Il y aurait certainement beaucoup à dire sur Melle. Mais son histoire a déjà été détaillée par des plumes plus habiles et plus autorisées que la nôtre.

Nous nous abstiendrons donc de marcher sur les traces de nos devanciers, d'autant plus que notre but n'est pas de retracer l'histoire de Melle en particulier.

Saint-Romans

Saint-Romans est un chef-lieu de commune
bâti sur la rive droite de la Béronne. Toutes
ses constructions sont à peu près modernes,
sauf l'Eglise qui fut bâtie au xie siècle. Saint-
Romans se trouve sur une hauteur et domine
toute la vallée.

Au centre du bourg se trouve un vaste
champ de foire qui lui fut légué par le duc
de Praslin, son dernier seigneur.

Etrochon

Etrochon, bâti également sur la rive droite de la Béronne, se divise en deux parties, l'une de la commune de Saint-Romans, l'autre de la commune de Périgné.

Etrochon eut beaucoup à souffrir des guerres de religion ; il fut décimé à cette époque, cela se comprendra assez aisément, car c'était pour ainsi dire le seul village de cette région où les Protestants s'établirent définitivement. Encore de nos jours, la majeure partie des habitants ont conservé cette religion et plusieurs familles ont encore leurs cimetières.

On a trouvé à Etrochon, en démolissant des murs en ruine, plusieurs pièces de monnaies frappées aux effigies de Henri II, Charles IX et Henri III, et, en outre, une plaque de plomb sur laquelle était écrit :

La Trémouille. C'est certainement ce même La Trémouille qui fut tué au siège de Melle, le 25 mars 1577.

Sur le bord du village, dans un terrain longeant actuellement la route de Saint-Romans à Périgné, se trouvait le château du Bois-Fraigner, lequel ayant échappé aux guerres de Religion, fut probablement rasé à l'époque où le Cardinal de Richelieu, dans le but d'abaisser les Grands, donna l'ordre de raser tous les châteaux forts qui ne se trouvaient pas sur la frontière.

Quoique des siècles se soient écoulés, on remarque encore les traces des larges fossés qui entouraient ce château. Il existe une légende qui dit que cent mètres autour de cette enceinte était caché un trésor.

Bien que nous nous éloignons sensiblement de la vallée de la Béronne, nous ne pouvons passer sans dire quelques mots sur un château connu sous le nom de Château du Bois d'Hérisson, lequel se trouvait bâti sur les confins des communes de Périgné, Montigné et Saint-Romans. Il a dû être rasé à la même époque que le précédent.

Ce château se trouvait au milieu d'un bois

qui portait le même nom. En 1830, lorsque ce bois fut défriché, on y trouva plusieurs pièces de monnaie de Henry IV et de Louis XIII.

Les propriétés du Bois-Fraigner et du Bois-d'Hérisson appartiennent à la famille de Nossay.

Voînes

Voînes est une ferme bâtie sur la rive droite de la Béronne. Nous savons peu de chose sur son origine. Il est probable qu'elle dépendait du Châtelier dont nous parlons d'autre part.

Le Châtelier

Le Châtelier forme actuellement deux fermes distinctes, connues sous le nom de Grand-Châtelier et Petit-Châtelier, mais qui n'ont qu'une même origine.

Les deux châteaux se trouvaient bâtis sur le flanc du coteau (rive droite) et dominaient ainsi toute la vallée.

Nous nous trouvons là en présence d'une Châtellenie ou juridiction seigneuriale. Les seigneurs du Châtelier exerçaient leur pouvoir sur les campagnes environnantes et rendaient eux-mêmes la justice.

De ces deux châteaux, il ne reste pour ainsi dire plus rien. Au commencement du siècle dernier, on remarquait encore une chapelle à l'entrée de la cour.

Gennebrie

Gennebrie est un moulin bâti sur la
Béronne, à l'endroit où une petite rivière, la
Berlande, vient la grossir de ses eaux.

A quelques centaines de mètres du moulin,
on a trouvé un dolmen, monument celtique,
sur lequel les Druides ou prêtres barbares
offraient des sacrifices à leurs dieux. Un
dolmen se composait d'une grande pierre
plate, reposant sur deux autres pierres dres-
sées verticalement.

Ce dernier fut respecté jusqu'en 1840. A
cette époque, le propriétaire du terrain le
détruisit.

Un grand nombre d'ossements humains
gisaient autour de cette pierre funéraire.

On nous permettra de nous éloigner un
instant de la vallée pour dire en passant quel-

ques mots sur un autre dolmen situé sur la rive droite de la Béronne, à l'embranchement des chemins de Gennebrie à la Pierre et de Saint-Romans à Périgné. Ce carrefour porte aujourd'hui le nom de Bassée-au-Chat. Depuis longtemps déjà ce dolmen a été détruit.

Au moyen-âge et jusqu'à la Révolution, une foule de légendes s'y rattachaient. On le disait hanté par des fées et des nains qui la nuit venaient danser autour. C'était en même temps le rendez-vous des sorciers. Satan sous la figure d'un bouc y faisait de fréquentes apparitions. Toutes ces superstitions effrayaient les voyageurs attardés ; plusieurs même préféraient passer à travers champs afin d'éviter le maudit carrefour.

La terreur qu'inspiraient la nuit ces lieux si paisibles, habités parfois par quelques chats huants ou autres oiseaux nocturnes, s'était transmise pendant plusieurs générations.

Même depuis la Révolution, la Bassée-au-Chat était regardée comme le rendez-vous des chats le soir du carnaval. C'est de là d'ailleurs que lui vient son nom. Dans une grosse pierre provenant du dolmen on remarquait un trou qui était souvent rempli d'eau. C'était là que ces animaux venaient se désaltérer lorsqu'ils avaient mangé des crêpes.

A cette époque de l'année, les chattes sont en rut et font entendre des cris lugubres, ce qui contribue encore à enraciner ces croyances absurdes.

De bons vieillards racontaient qu'ils en avaient vu des bandes allant au rendez-vous. Là le diable sous la figure d'un chat noir présidait à la cérémonie.

Peu à peu l'instruction et le progrès ont fait évanouir toutes ces légendes, basées sur l'ignorance et la superstition.

Tout cela se raconte encore aujourd'hui pendant les veillées, et chacun en rit à gorge déployée.

Non loin de Gennebrie, il existe encore aujourd'hui un petit bois qui porte le nom de Bois-Brûlé. Tout nous porte à croire que ce bois fût incendié à l'époque des guerres de Religion (de là serait venu son nom). Seule la petite étendue qui existe aujourd'hui aurait été respectée par le feu.

A une petite distance du bois se trouve un pré qui porte le nom de pré de la Bataille ; cela indique assez clairement qu'un combat eut lieu à cet endroit, probablement à l'époque où le bois fût brûlé.

A cinq cents mètres environ de Gennebrie se trouve un lieu dit la Potence.

C'était là que les seigneurs du Châtelier faisaient exécuter les malheureux qu'ils condamnaient à la peine de mort.

Mairé

Mairé est un petit village bâti sur la rive
droite de la Béronne. Son histoire se divise
en deux parties bien distinctes, dont une se
rattache à l'époque gallo-romaine et l'autre
à l'époque féodale.

Le village de Mairé remonte donc à la
plus haute antiquité ; ceci nous est d'ailleurs
prouvé par les débris de pierres sculptées que
l'on reconnaît être de l'époque gallo-romaine.

Ce lieu est en effet admirablement situé.
Bâti dans le fond de la vallée, entre deux
collines assez élevées, il se trouvait naturellement à l'abri des vents.

D'autre part, l'homme y trouvait sans dé-
placement de l'eau, du bois, du poisson ; et
les troupeaux, principale richesse des tribus
nomades, trouvaient dans la vallée d'abon-
dants pâturages.

Aussi Mairé était déjà un centre de population assez important lorsque les Romains vinrent s'établir sur notre territoire ; mais ce n'est toutefois qu'à cette époque seulement que furent bâtis les monuments dont nous trouvons aujourd'hui les restes.

Il y a quelques années, on a mis à jour en faisant de nouvelles constructions les fondements d'un temple gallo-romain.

Parmi les débris, on a trouvé une statue en marbre blanc représentant Cérès, déesse des moissons, tenant dans ses bras la gerbe emblématique.

Les pierres provenant de ce temple sont aujourd'hui disséminées çà et là dans le village de Mairé, plusieurs d'entr'elles ont servi à la construction de maisons ou de murs quelconques.

On voit encore aujourd'hui sur un mur de clôture une pierre sculptée avec art sur laquelle était représentée une colombe becquetant un raisin.

Sur une autre pierre de plus grandes dimensions était sculpté un guerrier romain revêtu de sa couronne murale. Autrefois les Romains décernaient cette couronne au guerrier qui montait le premier à l'assaut.

A quelques mètres du temple, il existe un mur d'une trentaine de mètres de longueur, et dans l'intérieur duquel se trouvaient plusieurs petites chambres carrées. Dans ces chambres il y avait plusieurs vases de formes et de grandeurs variables et une grande quantité d'autres objets pouvant servir à l'usage journalier.

On a aussi découvert un four qui était rempli de tuiles d'une fabrication très ancienne. Il est regrettable que tout cela ait été détruit, car c'était vraiment remarquable.

Au nord de Mairé, il existait un cimetière dans lequel on a trouvé plusieurs tombeaux en pierre.

Dans l'un d'eux on a recueilli une sorte de poignard d'une longueur d'environ vingt centimètres et dans d'autres des pièces de monnaie de César.

Non loin du cimetière, à environ cent cinquante mètres de la Béronne, sur la rive droite, se trouve la fontaine du Viviers (eau vive). Il est presque certain que l'eau de cette fontaine servait aux usages du temple, car en

1820, en y faisant une réparation, on a découvert un aqueduc qui se prolongeait dans cette direction.

Tout cela nous donne une idée de la civilisation romaine à cette époque reculée.

Et maintenant, quand on se promène dans ces lieux devenus obscurs, on ne peut se défendre d'une profonde émotion, en pensant qu'après avoir été un centre de civilisation et de splendeur, cette cité galio-romaine n'est aujourd'hui qu'un simple petit village ayant à peine une centaine d'habitants.

C'est tout près de Mairé, au lieu dit Champagné-sur-Béronne, aujourd'hui ferme sur la rive gauche, que naquit au ve siècle saint Junien, patron des laboureurs du Poitou, ami et contemporain de sainte Radégonde. Nous possédons aujourd'hui son histoire, écrite par M. Rondier.

Voici donc ce qui se rattache à la première partie de l'histoire de Mairé, c'est-à-dire à l'époque gallo-romaine. Toute cette civilisation fut détruite, anéantie par l'invasion des barbares.

Les Wisigoths s'emparèrent d'abord de notre contrée, mais leur puissance ne fut

qu'éphémère, car Clovis leur reprit bientôt
le territoire qu'ils avaient envahi. Il rem-
porta sur eux la victoire de Vouillé ; c'est là
qu'il tua de sa main le chef des Wisigoths,
Alaric (507).

Plus tard, les Sarrasins poussèrent aussi
leurs ravages jusque chez nous en 732.

En 817, les Normands brûlèrent Melle et
ses environs ; c'est à cette époque que fût
détruit tout ce qui restait des monuments de
l'époque celtique et gallo-romaine.

D'après M. Rondier, notre contrée fut alors
pendant longtemps presque déserte ; ce n'est
que sous la fin de la deuxième race que notre
pays fut repeuplé.

A cette époque où l'autorité royale était
souvent méconnue, la plupart des ducs et
comtes, ne voulant pas supporter le joug du
roi de France leur suzerain, se créaient pour
ainsi dire chacun de petits Etats qu'ils gou-
vernaient à peu près selon leur bon plaisir.

Bien souvent ces ducs et comtes, barons,
etc. se faisaient la guerre entr'eux.

C'est à ce moment-là que Mairé fut recons-
truit. Il resta pendant longtemps sous la
dépendance du Châtelier.

La plaine qui s'étend du village de Mairé au chemin d'Etrochon, connue sous le nom de plaine du Four, fut alors plantée en vignes.

Chaque année, à la saison des vendanges, les seigneurs du Châtelier et les seigneurs de Nossay se réunissaient au coin de cette plaine au lieu dit Croix-du-Four. Là ils prenaient un repas champêtre à l'ombre d'un gigantesque noyer. Toute la jeunesse de Vilaine, Mairé et Etrochon assistait à cette réunion.

A la fin du repas, les châtelains faisaient exécuter aux jeunes paysans des danses et des jeux de toutes sortes. C'était pour ces messieurs une distraction de quelques instants. Souvent ces amusements dégénéraient en querelles ; il fallait en venir aux mains : et la plupart du temps les enfants rentraient chez eux leurs vêtements en lambeaux, quelques-uns même fortement contusionnés.

Ces coutumes se conservèrent jusqu'à la Révolution.

Voici ce qui se rattache à la deuxième partie de l'histoire de Mairé.

La Gresolle

La Gresolle est un petit village sur la rive droite de la Béronne, à environ cinq cents mètres en aval de Mairé.

Avant la Révolution, la Gresolle n'était simplement qu'une grosse ferme appartenant au prieuré de Périgné.

Depuis cette époque, plusieurs constructions y ont été élevées, notamment un magnifique château que fit bâtir M. le comte de Bragelongne vers 1830.

Vilaine

Nous arrivons ensuite à Vilaine, qui est pour ainsi dire la continuation du village précédent.

Vilaine est également bâti sur la rive droite et sur la fin de la colline. C'est là, comme nous l'avons dit plus haut, que se confondent les vallées de la Béronne, de la Boutonne et de la Belle et aussi trois vallées sèches qui traversent les plaines de Vilaine et se terminent au pied de la colline.

Cette fin de colline s'avance dans la vallée et prend le nom de Saut-de-Vilaine. On dirait une forteresse naturelle dominant la vallée.

Ces masses de roches d'un style indescriptible reposant à peine les unes sur les autres, toujours croulantes et toujours debout, ont vraiment quelque chose d'imposant. Dans les âges lointains, les eaux ont dû battre les flancs de ce rocher ; les tremblements de terre et les cataclysmes ont sans doute été les plus habiles collaborateurs de cette farouche architecture.

Malheureusement ces roches tendent à disparaître, car depuis trente ans on les exploite pour le pavage des routes.

Le village de Vilaine se divise en deux parties séparées par la route de Niort à Brioux.

En considérant sa position, nous remarquons qu'il est admirablement bien situé.

D'un côté s'étendent de vastes plaines, où le blé vient en abondance ; de l'autre, de riches prairies *sont pour ainsi dire couchées* au pied de la colline, et fournissent des pâturages inépuisables.

On n'a pas trouvé à Vilaine de vestige de l'époque romaine ; cependant on a mis à jour, dans la plaine qui s'étend de Vilaine à Téré, plusieurs tombeaux en pierres datant de cette époque.

Selon toute apparence, Vilaine fut bâti à

l'époque féodale, en fer à cheval, sur la fin de la colline. Son nom lui vient probablement de Vilain.

A cette époque, le village se composait de plusieurs fermes ayant chacune leur nom particulier. Autour des fermes s'élevaient seulement quelques cabanes.

Le village appartenait en grande partie au prieuré de Périgné. On y voit encore aujourd'hui deux granges dîmeresses. C'était là que les paysans payaient leurs redevances au seigneur. Ils y amenaient soit du bétail, soit du blé ou autres produits de la terre.

Cependant, à l'époque de la Réforme, la religion protestante eut à Vilaine un certain nombre de prosélytes.

On sait qu'après l'Edit de Nantes, signé par Henri IV, les réformés furent à peu près tranquilles et purent célébrer leur culte. Il en fut de même sous le règne de Louis XIII, bien que le cardinal de Richelieu leur fît une guerre acharnée au point de vue politique.

Louis XIV lui-même fut au début de son règne assez tolérant pour les protestants, mais peu à peu il restreignit leurs libertés et leur imposa des conditions.

Il interdit la Religion réformée dans les villes ecclésiastiques et défendit aux ministres de prendre la qualité de pasteur et de critiquer le culte catholique ; proscrivit toute marque extérieure du nouveau culte et obligea les protestants à vénérer les signes extérieurs des catholiques.

En 1663 plusieurs temples furent détruits ; les années qui suivirent furent marquées par des faits de plus en plus injustes et par des procédés les plus barbares.

Nous sortirions de notre sujet en énumérant ici les actes successifs de cette jurisprudence.

On pourrait déjà nous reprocher de faire de l'histoire de France, mais nous avons tenu à insister sur ces faits pour rappeler au lecteur les événements qui furent cause de bien des troubles dans nos paisibles campagnes. Nous nous contenterons de dire qu'en tous points les mesures prises et les moyens employés indiquaient la perfidie, l'injustice et l'excitation aux sentiments dénaturés.

Ce qui se passait dans les villes atteignit peu à peu les campagnes ; mais toutefois les mesures furent généralement moins rigoureuses. Vilaine fut sous ce rapport-là assez bien partagé.

Les protestants de ce village et des villages environnants avaient choisi un lieu pour célébrer leur culte, n'ayant pas alors de temple à leur disposition. Ils se réunissaient sur la rive droite de la Béronne, dans un vallon excessivement boisé, à quelques centaines de mètres de Vilaine. Là ils célébraient en paix leurs cérémonies religieuses. Ils nommèrent ce lieu Sous-Paradis, nom qui indique clairement qu'ils se trouvaient là en sûreté.

Aujourd'hui, plusieurs personnes ignorant l'histoire de ce vallon, se demandent encore d'où lui vient ce nom caractéristique.

Ces gens-là ne se doutent pas certainement que cette histoire tient une grande place dans les annales de leur petit pays.

Peut-être leurs aïeux sont-ils venus s'agenouiller là sur ce gazon humide pour prier leur Dieu.

La révocation de l'Edit de Nantes mit fin à ces réunions du culte protestant. Force fut alors aux réformés d'abjurer leur religion ou de quitter leur patrie.

Heureusement les abjurations ne se passèrent pas à Vilaine avec autant de rigueur que dans certains endroits, où elles se firent avec un raffinement de cruauté.

Le prieur de Périgné, M. Morillon, était un homme d'une grande tolérance et d'une extrême bonté ; aussi un grand nombre de protestants embrassèrent la foi catholique sans trop de difficulté. Quelques-uns cependant, plus fondés dans leurs croyances et possédant les ressources nécessaires, préférèrent quitter leur village et la France plutôt que d'abjurer leur religion.

C'est ainsi que malheureusement un grand nombre de personnes des deux sexes et de tous corps de métiers émigrèrent à l'Etranger emportant avec eux leur instruction, leur or et leur industrie.

A partir de cette époque il n'y eut plus de protestants à Vilaine, à part quelques étrangers qui n'ont jamais fait souche.

La contrée qui s'étend de Vilaine à l'embouchure de la Béronne, n'était avant le règne de saint Louis que des marais impraticables.

Pendant une grande partie de l'année, ils étaient submergés par une eau verdâtre qui croupissait en ces lieux et ne disparaissait que l'été sous l'influence du soleil. Alors même que ces marais semblaient desséchés à cette époque de l'année, il était dangereux de s'y aventurer, car le gazon cédait sous le moindre poids et on risquait alors de s'enliser.

Donc aucune habitation, aucune culture. Quelques arbres poussaient çà et là dans les endroits les moins marécageux. Ils finissaient par tomber de vétusté et leurs troncs pourissaient ainsi sur place.

Les joncs et les roseaux de toutes espèces se disputaient le sol et cachaient dans leur fouillis inextricable des milliers de grenouilles et d'oiseaux aquatiques.

Dans ces eaux stagnantes, d'où se dégageait pendant les chaleurs une odeur insupportable, se trouvait les germes d'une foule de maladies et principalement des fièvres intermittentes.

Les maladies de toutes sortes sévissaient alors incessamment sur les campagnes environnantes. A cette époque reculée, on ne recherchait point les causes de ces maladies qui dépeuplaient la contrée.

Les habitants considéraient ces marais comme dangereux. Ils étaient, d'après eux, habités par des monstres malfaisants qui jetaient des sorts sur les malheureux qui osaient s'y aventurer.

Pendant longtemps, il en fut ainsi. La main de l'homme ne fit rien pour assainir ces endroits marécageux.

Voici, d'après la légende, dans quelles conditions s'élevèrent les premières habitations dans ce pays désert.

En 1242, saint Louis vint à Niort, puis à Prahecq, pour châtier un seigneur rebelle qui avait enfreint ses lois. Se dirigeant ensuite sur Taillebourg, il passa à Périgné et à Vilaine. Chemin faisant, ses soldats chevauchaient de part et d'autre en explorant le pays. Arrivé sur le bord des marais, en face de l'endroit où se trouve Vernoux, l'un d'eux s'aventura trop avant dans les roseaux et son cheval s'embourba. C'est en vain qu'il faisait tous ses efforts pour sortir de cette boue liquide ; son cheval s'enfonçait toujours.

Tout à coup, saint Louis l'aperçut et se mit à lui crier : « Tourne *vers nous*, tourne *vers nous*. »

Electrisé à l'appel de son roi, le chevalier rassemblant toutes ses forces et ranimant son courage, parvint enfin à se dégager et sortit sain et sauf de cet endroit dangereux. Il avait dû faire un effort surhumain, car lorsqu'il rejoignit ses compagnons d'armes, il était à bout de force.

Alors saint Louis s'approcha et lui dit : « Puisque tu es si courageux, je te fais seigneur de ces lieux qui se nommeront désormais *Vers nous.* »

Devons-nous croire à la véracité de cette légende ? Il est certain qu'il serait difficile de résoudre cette question et d'y ajouter des preuves irréfutables. Toujours est-il que c'est vers cette époque que le château de Vernoux fut bâti.

Les seigneurs de Vernoux firent creuser un grand nombre de fossés dans tous les sens pour faciliter l'écoulement des eaux. Quelques voies de communication furent alors créées ; lesquelles à vrai dire n'étaient encore que des sentiers, mais qui néanmoins étaient praticables.

Plus tard, plusieurs autres maisons furent bâties à Vernoux, qui devint un village ; peu à peu ce village s'est agrandi et embelli, de sorte qu'aujourd'hui c'est un agréable petit bourg. C'est cette même famille de Vernoux qui, sous Henri II, fit bâtir le château du Grand-Port, la ferme de Gallardon et le château de Séligné.

A une époque plus récente furent construits les moulins que l'on trouve aujourd'hui sur le cours.de la Béronne.

Disons en passant que les seigneurs de Vernoux avaient toujours usé d'une autorité toute paternelle envers leurs sujets.

A mesure que ces marais ont été desséchés, grâce aux fossés qui les sillonnèrent bientôt en tous les sens, les maladies contagieuses et les fièvres intermittentes ont diminué d'intensité et fini par disparaître complètement.

La propriété s'est peu à peu divisée : des arbres et des haies y ont été plantés ; des chemins y sont aujourd'hui entretenus ; et là où jadis il ne croissait que des roseaux et des joncs s'étendent de vertes prairies où l'herbe pousse en abondance.

Vilaine eut beaucoup à souffrir des guerres de cent ans ; on y trouve une grande quantité de vestiges de cette époque. Il n'est pas rare d'y rencontrer aujourd'hui des pièces de monnaie de saint Louis, de Jean le Bon et surtout de Charles V.

Tout porte à croire que le village fût brûlé à cette époque et ne fût rebâti qu'après la paix.

Il fut donc longtemps à peu près désert, car aux misères et aux calamités occasionnées par les guerres vint se joindre un terrible fléau. La peste noire fit son apparition et dévasta nos campagnes. Les broussailles et les fougères reprirent possession des terres et le désert se fit peu à peu dans la contrée.

Les guerres de cent ans ont laissé un si profond souvenir dans nos campagnes que depuis cette époque plusieurs expressions se sont transmises de génération en génération et sont devenues proverbiales.

Ainsi par exemple :

Si on rencontre une flaque de sang quelque part, on dit : Les Anglais ont passé par là. Quand on prend un chat pour le faire griffer sur les genoux, on fait le jeu des Anglais. Ces derniers, en effet, se plaisaient à ficeler un chat sur le dos d'un pauvre diable, ensuite ils fouettaient l'animal jusqu'à ce qu'il eut ensanglanté les chairs de sa victime.

Si on met sécher un jambon dans la che-

minée, on fait l'Anglais, car ils pendaient les
paysans par les pieds dans leurs cheminées,
et les asphyxiaient par la fumée. Si on appro-
che les pieds près du feu, on se chauffe à
l'Anglaise, c'était un supplice favori de nos
voisins d'Outre-Manche. Ils chauffaient la
plante des pieds de leurs victimes, souvent
jusqu'à ce qu'ils eussent rendus le dernier
soupir.

Les guerres de cent ans terminées, il semble
que Vilaine fut à peu près tranquille jusqu'à
la Révolution. Le village ne dut pas beaucoup
souffrir des guerres de religion, car il appartenait au prieuré de Périgné, dont le prieur
était alors très puissant.

Vilaine est en tout sens sillonné par une
foule de souterrains qui se correspondent
pour la plupart. Les pierres provenant de ces
souterrains ont sans doute servi à la construction des maisons ; puis, plus tard, quand les
habitants se sentaient menacés, ils se cachaient
dans ces retraites inconnues des étrangers. Ils
emportaient avec eux les objets et les provi-
sions qui leur étaient indispensables.

Dans ces temps malheureux, où l'instruction
n'était pas encore venue éclairer nos campa-

gnes, où la plupart des gens étaient illettrés, une foule de superstitions effrayaient les habitants.

Ainsi, par exemple, une légende dit que les souterrains de Vilaine servaient de refuge à une espèce de poule noire ou farfadet qui la nuit sortait de sa retraite et criait aux passants : « *Celui qui m'aura, ni l'or ni l'argent lui manquera, mais jamais le paradis verra.* » Mais, depuis de longues années, son cri ne se fait plus entendre ; elle aura sans doute établi son repaire ailleurs.

Quelques-uns de ces souterrains servaient de lieu de réunion pour passer les longues soirées d'hiver ; là, tout le monde s'y rendait, depuis l'enfant jusqu'au vieillard.

Comme très peu de personnes savaient lire, on ne pouvait se distraire au moyen de livres, qui coûtaient d'ailleurs fort cher. Alors quelques vieillards chantaient des chansons où le plus souvent racontaient des contes. Un bon conteur était écouté attentivement et avait promptement une bonne renommée.

Il en est un surtout qui est resté légendaire. C'était un vénérable vieillard, à barbe blanche, qu'on avait surnommé le père Danse-à-l'Ombre ou Saint-Père. Il avait fait vingt années de service ; aussi lorsqu'il prenait la parole, un silence profond régnait dans toute l'assemblée.

Voici quelques-uns de ses contes :

Une fet y revenae do marché de Brioux, y avae acheté de la gemme, y veuillit venir un lieuvre dret à mein. Il li garottit ma gemme per la tête.

Tio malheureux lieuvre continuit à se sauvae comme si le cinq cent diable l'avait emporté. O se trouvit bé justement une autre lieuvre qui venait dret à tiae.

Le se poquiront la tête l'un à l'autre et le se colliront. I laisse mes deux bots, me vlà de courir après mes lieuvres, y les prenit bé ma sainte vérité.

Quand y retournit per preindre mes bots, vous deriez jamais ce quo li avait dedans ? Deux perdrix, une chaque bot, ma grand foet damnae si o lé pa ré. O lé mein qui me rendit content.

O l'avait peut-être pas un chassou qui en avait tant fait dans sa semane. O lé la boune femme qui était contente, y vous en répond ; elle me fasit un poulet sur l'œuil y m'en sens core.

* *

Une annae, les voleurs veniont volae mes abeuilles, y savae rein comment fère pre les preindre. Enfin, un jour ó me venit une drôle d'idae.

Y me saquit dans un bourné pre y passae la neut. Y sit pas putou là-dedans qui entendit mes gas qui veniont. Le causions entre zeux, le desions le queu preindrons-y ? Quo n'en dissit un, o faut preindre le pu pesânt. Le soupesiant tié bournés, quand l'arriviront à tio qu'était dedans, quel dissiront tiolà pese mé que les autres, o faut le preindre.

Le couchant tio bourné, le li lion les deux bouts et le le mettons sur lous épales pre l'emportae. Mais y avae eu soin de preindre une alègne dans ma poche, Y commouinsit à ajustae tié crus d'abeuilles et à lous allongae tielle pointe dans le cagouet. Tiae qui allait devant commouinsit à dire : è piquons bé té sacrés abeuilles, si o continue y lacheré le bourné là mein. L'autre disit y craint pas les abeuilles main, y vat me mettre devant.

Une fet que le siront changé de bout, y lit ajustit deux ou trois bons cots d'alègne.

O que le diable emporte tes abeuilles, mein y laisse le bourné là.

Voure créyez-vous que le me laissirons, à la cime do coutaes de Vausuberg, y roulit jusque dans le bas et pu vite qui arae velu, y vous o garanti. Si o l'avait pas été quo se trouvit un vargne qui arrétit le bourné y fouttae mon camp dans la rivère.

Y arae été joli garçon paré. Y emportit mon bourné chez nous, mais o me prenit pas fantaisie de recommouinçae le lendemain va, y avae les coutes bougrement dures. Si m'étae pas frotté avec de la graisse de guerneuile y m'en serae peut-être pas repris.

*
* *

Une fet y étae au diet dans la garenne de Vernoux, y avae pas songé à preindre de pion. O se trouvit par hasard qui avae une cabosse dans ma poche, y la mettit dans mon fusil. Le sic juste chargé à temps. Y veuillae veni deux loucs. O l'en avait un qui tenait l'autre pre la quoue, o l'était un louc aveuille. Y tirit un cot de fusil, o copit la quoue au devant à ras le tiu et o la clouit à un abre.

Y arrachit la cabosse, y prenit tielle quoue de louc dans ma main et y emmenit mon louc aveuille jusqu'à Vilaine. Quand y sit rendu y li dounnit trois ou bé quatre lavements, o lé là que le m'en faisit de tielle lanne, y m'en faisit un bonnet qui porte core et avec lequeu y vous salue.

O lé le bounheur qui m'en velait tielle annae, une autre cot y étae dans le coin de la cheminae, la bonne femme fasait la fricassae, tout d'un cot y entendit passae une volae d'oies sauvages. I tirit un cot de fusil dans la cheminae, o l'en cheuzit deux dans la péle. Y vous garanti que la femme était contente allez.

*
* *

Un cot o l'avait un renard ti venait mangae mes poules. Une neut, le prenit le jô et le l'emmenait à la garenne de Vernoux en le fouettant devant li.

En chemin fasant, le jô dissit au renard :

Tu sais, mon vieux, tu feras pas une grosse capture, y sé sec coumme un cot de trique. Mais si tu velait être bon bougre y te ferait faire un bon repas tout de même. Si tu vô me laissae allae y t'amenerait mes poules la neut qui vint dans les prés dô moulin de Vilaine. Tu choisiras les pu grasses, y te garanti que tu pourras en preindre une sacré ventrae.

E tô sûr que tô feras, quo dissit le renard ?

O tu peux comptae sur ma parole, un jô ne dit jamais de menterie.

Entendu, o lé un marché fait, mais si tu me trompe gare à té.

Noute jô, content coumme un roi, reprenît le chemin de Vilaine et pas doucement ma grand'vérité.

Quand le sit rendu au jouc, toutes les poules li demandirons de voure le devenait à tielle heure.

O me parlez pas de tieu, mes paures femmes, o m'est arrivé une drôle de partie. Y ai sorti pissae et le renard m'a pris perre la quoue et le m'a emmené à la garenne de Vernoux. Quand y avont été arrivé lé bas y avons fait un marché.

Y li est dit qu'étaï poué gras, quo l'aimait joliment meux que le me laisse parti et qui li mèneraï mes poules la neut qui veint dans les prés dô moulin de Vilaine. O lé dit que le det choisi les pu grasses.

O bé, quo dissit une veille poule, y m'échapperé core de tio cot pasque y sé trop maigre.

N'ayez pas pou, quo dissi le jô, o n'en arat chut de mangeae, y vo li jouae un tour. Vous va to ?

O, noute bon jô, vous pouvez zou crère quo nous vu, y serions bé contente de faire une farce à tio mâlin de renard qui nous diète à tous les cots qui descendons pissae.

De même o lé entendu, vous arez qu'à faire ce qui vous diraï.

Quand la neut si rendue v'la noute jô qui s'en va avec ses poules dans les prés do moulin de Vilaine. Le lé fasit monté dans tié grands popillons et dans tié nougeas, en lou recoumandant quand le chanterait quo fedrait quet répondissions. Le montit dans un cerisae sur le bord de la route de Brioux pre veurre venir le renard de pu loin.

Le sit pas longtemps à venir ma grand' vérité ; le siront pas putou installé dans tiés abres que l'arrivit au grand mille manège. Quand le sit dans tié prés, pas de jô ni de poule, pas mé que chein gâté. Le se mettit à guermelae tout seul.

C'est ti malheureux, mein tié pas soupé et dire que tio l'animal de jô amenera pas ses poules.

Dans tio moument vla le jô qui se met à chantae et les poules de répondre. O faisait un chastagrin gâté.

Mosieu le renard, mes poules avon pondu si tu vo les us. O le fasit mettre dans une colère que le se couneussait pas. N'aie pas peur, mon petit jô, tu me paiera tio tour.

Tout tieu fasait un tel branlebas quo reveillit le farinae do moulin de Vilaine. Le se lève, le prein son fusil, le tombe dare tio malheureux renard, le li envoyait do pion dans les fesses.

Le queneussit quo felait se sauvae de tio l'orge, le prenit pas le temps de jeindre la route per se rendre, le copit à travers tié champs pertout voure quot l'arrivait.

Une huitaine de jours pu tard, le renard tâchit bé core de preindre le pauvre jô. A de tio cot, mon vieux, tu m'échapperas pas, tu sais ô fedra que tu y passes.

L'empougne mon jô su l'échine et le vla parti à l'emportae. Le passions per Champanae. Quand le siront dans la piane dô Gallipes : Quo dissit le jô, regarde don tié lé qui disont : tio renard est bé fort que l'emporte tio jô.

Le renard se retournit et le velit causae en même temps.

Le jô prenit à battre dôs alles et le tachit de l'y échappae.

Voilà core un soupae de manqué. O flit se rendre à la garenne bredouille.

L'était mal content, le causait tout seul ; ô se trou-vit quo l'avait une trae qui l'entendit.

Qué to quo l'a, mon voisin, vous avez pas l'air de boune affaire.

Cré tu quo li a pas dèque. Y emportae un biau jô, tié deux labourous me l'ont fait échappae.

Té, quo dissit la trae, si tu vo me promettre de pas mangea mon nic, y va te faire rire un moument.

E bé, tu peux être tranquille, y te mangerai pas ton nic, marche.

Vlà la trae qui va s'appouae sur la taïte à un dô labourous.

Hé Charlot, Charlot, quo dissit l'autre, bouge pas qui tue tielle trae qui est sur ta taïte.

L'empougne sa galle et le vlit ajustae la trae, mais a se sauvit et le pauvre Charlot recevit un fameux cot de galle sur la cabeûche.

Cré chein gâté tu m'as fait grand mau, avec ta bougre de trae, ti est rendue à la garenne.

La trae se copait le ventre de rire.

E bé, cré-tu quo l'est un tour bein fait tieu ?

Ma foi, quo dissit le renard, t'a pas eu une mauvaise idae.

Pasque t'a l'air si bon garçon, y m'en vas te faire régalae demain. O lé jeudi, les femmes allons au marché à Brioux. Elles apportons do beurre, dos us, dos poulets, t'aras dèque choisi. Quand a veindront y m'appouerai sur la route, y ferai sembion d'avae une alle de cassae ; a créeront me preindre, elles appouerent lou panaes sur la route per courir pu vite et tu en avaleras tout ton soûl.

Manque pas, le lendemain de boune heure, le renard et la trae étions postés sur le bord de la route que l'attenions les femmes de Vilaine.

Ta, ta, ta, entends-tu, les voilà ti venons, va te cachae, y va les attenis là.

Hé Jacqueline, Mariette, Lison, regardez donc tielle trae tié boitoûse, ô faut la preindre, y la mangeront. Laissons nous panaes là, y courront pu vite. Té accote lé bas, ô ma grand vérité, elle m'a passé entre les jambes, y la tenae presque. Quand tié pauvres femmes siront lasses de courir, elles étions bé deux versanes de lou panaes, mais quand a retourniront o y avait pu rein dedans. O lé là qu'elles ont fasions do vilaines grimaces.

Pendant tio temps, le renard était caché auprès d'un grous chagne têtard, le riait comme un bossu, l'avait un ventre qui li passait dessus l'échine.

Quand les bounes femmes siront parties, la trae revenit trouvae son voisin.

Eh bé, voyons, en as-tu avalé de tio beurre, en as-tu dégoussé de tié poulets.

Ma grand fouai damnae, ô y a longtemps qui avae fait un repas de même, y s'est bé content de té, tu peux être tranquille, y mangerai pas tes petits.

Le siront bons amis pendant tieuque temps ; mais un jour le renard avait grand faim, le mangit les petits à la trae.

La trae mal contente, disit en lé-même, y tâcherai bé de le jeindre. O l'avait déjà tieuque jours qué tirait dos pians per li jouae un tour. Tout d'un cot a songit que le chein do moulin de Vilaine était pas bein avec li et a li parlit de soun affaire.

Té, quelle dissit, o faut que tu m'aides à l'attrapae.

Ma foué, y demande pas meux, quo dissit le chein, y l'aime pas déjà tant. Qué to quo faut qui fasse.

O lé pas difficile, o fedra que tu te couches su le fumae, tu feras sembion de dormir.

Y dirai au renard quo faut que l'alle posae son darre sur ta goule. Tu tâcheras de me le preindre et de me le carrae bein comme o faut.

O lé une affaire entendue, y te réponds qui le danserai d'appiomb.

La trae s'en retourne à la garenne et court chez le renard.

Dis-donc, voisin, o y a dèque à rire si tu veux.

Qué to quo là donc ?

O là le grous chein do moulin de Vilaine qui est

couché sur le fumae, le dort ; o faut que tu y alles,
tu l'y chieras dans la goule, n'aie pas pou, y rirons bé.

Tu cré que le dort ?

Oh oui, le ronfle d'une force, l'entendrait pas
cheurre la chaline.

Eh bé, o faut y allae, y rigolerons.

Les voilà partis au moulin de Vilaine. Mon renard
va se poser sur la goule au chein qui faisait mine de
dormir.

Tout d'un cot le se réveille. Et mae, mae, olé là
que le lit mettit les fesses en sang. Le l'emmenit à la
garenne d'un si rude train que le cheuzit malade dès
le lendemain.

La trae allait le veurre et se fouttait de li.

Eh bé, mon vieux, as-tu gagné grous à mangea
mes petits après les services qui t'avae rendus.

Le paure renard creillait bé terjou se refaire, le fit
bé veni tous les médecins dô pays, mais o l'était trop
tard. O felit li faire l'amputation de la quoue et ma
fouet l'en crevit.

Voilà la plupart du temps quelles étaient
les distractions de nos aïeux pendant les veillées d'hiver. Peu à peu, l'instruction se
répandit dans nos campagnes, mais toutefois
sur une bien petite échelle jusqu'à la Révolution. Vilaine eut alors un instituteur jusqu'en
1856. A partir de cette époque, la jeunesse
du village alla à l'école de Périgné.

A cinq cents mètres environ de Vilaine,

sur le versant de la colline opposé au Saut de Vilaine, se trouvent les fontaines de Foucambert, desquelles jaillit une eau pure comme le cristal.

Au moyen-âge, ces fontaines furent regardées comme miraculeuses; jusqu'à la Révolution elles furent l'objet d'une certaine vénération. On leur attribuait des vertus surnaturelles, des cures merveilleuses.

Une légende dit que le jour de la Fête-Dieu l'eau de ces fontaines se changeait en lait; plusieurs personnes venaient de très loin pour en boire, elles guérissaient dit-on les migraines et les maux d'estomac.

Les bergers qui voulaient avoir des brebis fécondes les menaient boire à ces fontaines pendant un certain nombre de jours. Celui qui voulait avoir un agneau noir, il fallait qu'il plonge la brebis dans l'eau.

Chaque année, la semaine d'avant la Fête-Dieu, on venait de loin en pèlerinage; le curé de Périgné y faisait tous les ans à cette époque des processions solennelles où l'on portait en grande pompe la sainte Hostie.

Vers la fin du XVIIe siècle, le curé de Périgné, Morillon, donna à cette cérémonie un grand

éclat qui se perpétua jusqu'à la Révolution.
Goussemond, le dernier curé de Périgné,
avant 1789, y attachait également une grande
importance.

Ces fontaines étaient l'objet d'une foule de
superstitions. Ainsi, les traditions populaires
disaient que la nuit, au clair de lune, les
voyageurs attardés y rencontraient souvent
des troupes de laveuses habillées à blanc,
battant je ne sais quel linge funèbre ; cette
rencontre était considérée comme un présage
de malheur.

Mais de nos jours, tout cela est disparu,
l'eau pure de nos fontaines ne recèle plus de
semblables prodiges.

Adieu, douces naïades, timides nymphes
qui vous cachiez dans les roseaux ; adieu, gra-
cieuses ondines, charmantes divinités des
eaux, touchante poésie de la fable, rêve ingénu
de l'imagination, votre règne est à jamais
passé.

Peu à peu la civilisation et l'instruction ont
fait disparaître tous ces préjugés et ces superstitions plus ou moins absurdes.

Aujourd'hui, les fontaines de Foucambert
n'ont absolument rien de particulier ; en toute

saison on y trouve une eau claire et limpide, excellente à boire.

Pendant l'été, les moissonneurs qui sont dans les plaines voisines viennent souvent s'y désaltérer. L'hiver, au lieu d'y rencontrer les laveuses de la Fable, nous y voyons des troupes de commères de Vilaine qui viennent y laver leur lessive.

Nous avons dit que c'est à Vilaine que se termine la vallée de la Béronne ; donc, à partir de là jusqu'à son embouchure, le pays est plat, la plupart du temps en prairies.

On rencontre alors sur le cours de la Béronne seulement quelques moulins ayant peu d'importance au point de vue spécial envisagé dans cette étude.

CAUSERIE

SUR LES

PLANTES INDIGÈNES

Aujourd'hui l'instruction est fort heureusement répandue dans nos campagnes. Grâce à la science et au progrès, les moyens de s'instruire sont désormais à la portée de tous.

Le plus humble ouvrier peut donc, avec les facilités dont il dispose, devenir sinon un savant, du moins un homme ayant de nombreuses et utiles connaissances.

Malgré cela, alors même que cette instruction a pénétré dans les masses, il est regrettable de constater qu'il est une science des plus importantes qui tend à rester dans l'oubli. Cette science est la Botanique, c'est-à-dire l'étude des végétaux.

Pourquoi cette indifférence ; comment se fait-il que dans nos campagnes beaucoup de personnes n'ont aucune notion des simples ?

Pourtant cette étude est si intéressante et si facile. N'avons-nous pas qu'à ouvrir les yeux ? La nature ne nous offre-t-elle pas un grand livre qui n'a pas de fin. La terre n'est-elle pas pour nous un vaste jardin où Dieu a placé l'homme à son origine, et que l'on a appelé Paradis terrestre.

Et c'est ce jardin, si fertile, bien moins ingrat que nous-même, qui nous offre chaque jour ses produits.

Malgré la gelée, malgré la neige et les frimas, ce don merveilleux de la création se perpétue depuis l'évolution des siècles.

Chaque année, il ne faut qu'un souffle bienfaisant du printemps pour ranimer cette nature qui semblait morte. L'homme des champs a alors sous les yeux chaque jour un tableau nouveau. Telle plante ou telle fleur, née d'hier, fleurie aujourd'hui, fanée demain, disparaîtra bientôt pour faire place à une autre d'une nouvelle espèce.

Chaque plante a son lieu favori et sa saison propice ; et dans cette immense serre la plus petite fleur a sa place bien marquée.

Ainsi, dès les premiers jours de février, on voit le long des haies fleuries les primevères, les violettes et les marguerites blanches et aussi l'anémone des bois.

Bientôt elles disparaissent en partie et font place en mai à l'hyacinthe bleue, à la croisette jaune, au muguet parfumé, aux trèfles rouges et blancs si bien liés aux graminées.

Viennent ensuite les orties blanches et jaunes, les fraisiers, les coquelicots et les bluets qui s'épanouissent dans des apparitions ravissantes.

Les églantiers étalent leurs guirlandes fraîches et variées, les fraises se colorent, les chèvrefeuilles parfument les airs.

Nous voyons ensuite les vipérines d'un bleu pourpré, les bouillons blancs avec leurs longues quenouilles de fleurs soufrées, les ansérines, les champignons et les asclépiades qui végètent bien avant dans l'hiver, souvent où croissent des mousses de la plus tendre verdure.

Le tableau que nous venons d'ébaucher

n'est qu'un léger aperçu de ce grandiose spectacle que nous offre chaque saison. Notre plume est impuissante à décrire ces merveilles de la création.

Que le rôle des végétaux est multiple et utile ! Ils sont indispensables aux besoins essentiels de la vie, calment la violence des maladies qui affligent les êtres animés et enrichissent la science de leurs produits.

En un mot, ils croissent pour l'usage, l'utilité et l'agrément de l'homme.

Nous empruntons ici ces vers à Castel :

Quand les premiers zéphyrs de leurs tendres haleines
Ont fondu les frimas qui blanchissent les plaines,
Quel œil n'est pas sensible au riant appareil
De l'herbe rajeunie et du bouton vermeil.
Mais si l'on songe encor que ces plantes nouvelles
Bientôt en s'élevant porteront avec elles
Le plaisir, la santé, l'aliment des humains,
Qui pourra sans regret ignorer leurs destins,
Qui ne verra combien leur étude facile
Doit embellir la vie et doit nous être utile.

L'étude de ces plantes est donc très sérieuse, et la science qui s'en occupe devrait nous être familière.

La médecine, dès son origine, emprunta au

règne végétal la plupart de ses remèdes. Les premiers botanistes furent des médecins et c'est grâce à leurs patientes études que la Botanique a devancé les autres parties de l'histoire naturelle dans la voie du progrès.

Cette science, si en honneur chez les anciens, semble cependant frappée d'une certaine défaveur et tend à rester dans l'oubli, ce qui est particulièrement regrettable.

Charlemagne a beaucoup encouragé l'étude des plantes. Dans ses Capitulaires et dans son *Breviarum rerum fiscalium*, il indique toutes celles qu'il désirait voir cultivées dans les jardins potagers. Il rentre dans les plus petits détails concernant ces plantes et énumère les propriétés de chacune.

Ce n'est assurément pas là un des faits les moins importants de la vie de ce grand Empereur, que d'assister à cette sollicitude toute paternelle du Souverain envers ses sujets.

Il se plaisait à profiter du peu de repos que lui procuraient les rares intervalles entre les guerres pour être utile à son peuple.

En étudiant cette époque du Moyen-Age, on comprend aisément pourquoi Charlemagne se préoccupait tant des détails de l'intérieur et de l'extérieur des fermes. A cette époque, en effet, on ne connaissait ni écoles de médecine, ni médecins proprement dits.

Les moines seuls avaient le privilège de connaître quelques plantes médicinales.

Charlemagne voulut que chacun cultivât plusieurs espèces de ces plantes, dont quelques-unes étaient utiles à l'alimentation et les autres servaient de remèdes populaires.

Le peuple, comprenant l'importance de ses instructions, cultivait soigneusement les plantes indiquées par l'Empereur.

De là vient l'origine de ces plantes, qui sans être toutes indigènes dans notre département, frappent de temps en temps les regards du Botaniste dans le cours de ses herborisations.

Ces plantes conservées depuis le Moyen-Age ont résisté aux intempéries des saisons et ont fini par s'acclimater un peu partout. Bien souvent la culture de l'homme leur a été hostile, mais malgré lui, elles ont subsisté, se sont emparées du sol et s'y sont pour ainsi dire naturalisées.

D'après les Capitulaires, les plantes recommandées par Charlemagne se dénommaient :

Aigremoine, Azaret, Basilic, Bardane, Bétoine, Cataire ou *herbe aux chats*, Epurge, Glaïeul, Guimauve, Hellébore, Hysope, Joubarbe, Livèches ou *Aches*, Matricaire, Mauve, Menthaste ou Menthe, Menthe Coq, Menthe Pouliot, Romarin, Roses, Rue, Sabine, Sauge, Sarriette, Toute-Bonne, Tanaisie ou *herbe aux vers*.

Cette énumération nous prouve qu'à cette époque les plantes étaient en honneur ; aujourd'hui on n'y fait même pas attention, à peine si on connaît les plus communes.

Comment, nous, hommes des champs, pouvons-nous consentir à être aussi indifférents envers des choses qui se présentent sous de si riants aspects chaque jour à nos yeux.

Souvent on cueille une fleur, on arrache une herbe sans même connaître son nom ni ses propriétés.

Le cultivateur qui passe sa vie au milieu des champs et des bois est continuellement en contact avec les arbres et les plantes. Ce sont autant d'amis, de compagnons muets, mais qui néanmoins parlent à son âme.

Le frémissement de leurs feuilles, le parfum de leurs fleurs, lui inspirent une volupté secrète et sont souvent un baume bienfaisant pour les cœurs meurtris ou empreints de mélancolie.

Mais combien aurait-il plus de charme s'il connaissait ces plantes, leurs familles, leurs caractères et leurs propriétés. L'homme qui aime les plantes n'est jamais seul, il a toujours à sa portée quelque chose qui peut l'intéresser et attirer son attention et sa curiosité.

Traverse-t-il une prairie, des milliers de fleurs semblent lui sourire ; il n'a vraiment que l'embarras du choix. Les plus arides gazons ne sont pas sans avoir leurs plantes favorites. Ce qui nous fait comprendre à nous, infiniment petits, que le Créateur a pensé à tout.

Mieux que personne le cultivateur est à même de tirer produit de la Botanique.

Aujourd'hui que l'agriculture est une science, il existe plusieurs plantes qui, connues du cultivateur, pourraient lui rendre d'éminents services. Plusieurs d'entr'elles qui croissent à l'état sauvage pourraient rentrer dans la composition de ses prairies et donner d'excellents résultats. Il pourrait, en outre, distinguer les plantes inertes des plantes actives ou vénéneuses.

ANALYSE DES TERRES PAR LES PLANTES

Connaissant la Botanique, on peut faire l'analyse de ses terres et connaître l'amendement qui leur est propre. Ainsi, par exemple, ne parlons que des prairies.

Gazons marécageux

Plantes indiquant la nature *la moins* médiocre : Carex ou Laiches, Menthes, Joncs de différentes espèces.

Gazons humides et souvent submergés

Plantes indiquant une bonne nature : Alpistes en réseau, Phalaris.

Plantes indiquant une mauvaise nature : Carex, Joncs conche à souche, Menthe, Argentine.

Gazons moins humides ou secs

Plantes indiquant une bonne nature : Lupuline, Salsifi sauvage, Colchique d'automne, petite Marguerite ou Pâquerette.

On aime à voir en abondance dans les prairies : Trèfles, Vesces, Centaurée, Paturin commun, Paturin des prés, Ivraie vivace, Vulpin des prés, Fléau des prés, Orge des prés, Crételle, Brise moyenne, Flouve odorante.

Il est beaucoup d'autres plantes qui sont encore de bon augure, mais toutefois elles ne sont que de second ordre.

Ce sont :

Le Dactyle pelotonné, l'Avoine élevée, le Fétuque des prés, le Spirée ulmonaire, le Mille-feuilles, le Plantin, la Berce branche-ursine.

Les plantes suivantes sont toujours mauvaises dans les prairies :

Les Rhimanthes, vulgairement appelés *Crête de coq*, dont on distingue deux espèces : l'une grande, l'autre petite ; toutes deux annuelles. Leurs racines sucent celles des graminées et les font périr.

La Prèle ou Queue de cheval, herbe détestable, est souvent l'indice d'un mauvais gazon.

Nous sommes bien loin d'avoir cité toutes
les plantes des prairies, mais nous crain-
drions en nous étendant davantage de donner
des indications douteuses.

LÉGENDES ET SUPERSTITIONS

SUR LES PLANTES

Dès la plus haute antiquité les arbres et les plantes ont été des sujets de vénération et de superstitions qui ont fait naître une foule de préjugés.

Le chêne, en particulier, le roi de nos forêts, était l'objet d'un culte chez les anciens. Ils avaient consacré cet arbre à Jupiter ; les Grecs lui attribuaient le pouvoir de rendre des oracles. Chez les Romains, le chêne jouait' également un grand rôle. La couronne civique qu'ils décernaient à celui qui avait sauvé la vie à un citoyen, était ornée de feuilles de chêne.

Nos ancêtres les Gaulois avaient pour lui la même vénération. On sait avec quel appa- rat religieux les Druides coupaient le gui sacré du chêne. Cet arbre leur servait en même temps de chapelle et d'autel ; c'est sous son ombrage qu'ils célébraient leurs cérémonies.

L'histoire nous rapporte que saint Louis lui-même aimait à rendre la justice au bois de Vincennes, assis au pied d'un chêne.

Aujourd'hui encore, bien qu'on n'ait plus pour cet arbre le culte des anciens, on le respecte néanmoins. Les propriétaires ne le font abattre qu'à regret. Encore de nos jours on rencontre dans nos forêts quelques géants plus d'une fois séculaires que la hache du bûcheron a respectés.

Ils restent majestueux comme de vieux vétérans qui ont soutenu bien des campagnes ; ils ont abrité plusieurs générations et ont été les témoins muets de bien des crimes qui ont échappé à la justice humaine.

Pourquoi cette préférence ? Pourquoi ce privilège ? C'est qu'en effet le chêne est de tous nos arbres le plus imposant. C'est surtout le bois qui nous rend le plus de services dans l'art des constructions. C'est qu'en outre il donne des fruits qui plus d'une fois ont prévenu la disette. Son écorce même donne le tan qui sert à la préparation des cuirs.

Comme nous l'avons dit plus haut, les plantes ont également joué un grand rôle chez les anciens et ont été revêtues de propriétés surnaturelles.

Verveine. — La verveine n'a rien de particulier, ni de séduisant. Ses feuilles sont d'un vert sombre, sa tige est dure, un peu rude sur les angles, ses rameaux sont presque nus, ses épis grêles et ses fleurs petites ; le faciès n'est pas élégant, mais elle fleurit en revanche toute l'année.

C'était la plante sacrée des Grecs et des Gaulois. Les Druides la vénéraient à l'instar du gui.

Chez les anciens Romains, à l'occasion du nouvel an, on coupait les branches de verveine dans un bois consacré à la Déesse Strenna, pour les offrir au Souverain. Le premier Empereur Romain qui reçut ce présent fut Tatius, qui régnait conjointement avec Romulus. Ce prince ayant accepté avec plaisir ces rameaux qui devaient être un signe de paix entre les Romains et les Sabins, autorisa cette coutume pour l'avenir. On donna alors le nom d'étrennes, de Strenna, à tous les cadeaux faits le jour du nouvel an.

Selon les Druides, la verveine guérissait une foule de maladies, détruisait tout maléfice et égayait les convives. Cette même plante faisait partie des philtres (d'où son nom Veneris vena, veine de Vénus), des enchantements, des mystères de la Cabale.

Elle rallumait le feu éteint, resserrait les nœuds de l'amitié, réconciliait les ennemis, chassait les malins esprits et possédait encore combien d'autres propriétés dont l'expression m'échappe.

Armoise. — L'armoise, connue à la campagne sous le nom d'armise, reçut son nom de la reine Artémise, qui la découvrit. On la regardait également comme miraculeuse. Ainsi, aucun sorcier ne pouvait nuire à la personne qui portait cette plante entre peau et chemise. On devait la cueillir à jeun, la veille de la Saint-Jean, avant soleil levé, pour conjurer les sorts. On la mettait sur les jeunes gens qui allaient tirer au sort, mais toutefois à leur insu.

Ils devaient d'après cela avoir un bon numéro.

Aunée Enula compana. — Se rencontre en juillet dans les prairies grasses et ombragées. On la cultive dans quelques jardins comme plante d'ornement. Ses fleurs d'un jaune éclatant sont très belles et disposées en capitule comme un chardon.

L'aunée a une antique renommée. Une légende la fait naître des larmes d'Hélène, une autre laisse supposer que cette princesse avait découvert dans cette plante la propriété de faire oublier les chagrins et de ramener la gaieté. C'est, d'après la légende, avec une infusion d'aunée qu'elle fit oublier aux Grecs de retour dans leur Patrie, après la guerre de *Troie*, la perte de leurs parents et de leurs amis.

Quelques personnes superstitieuses disent encore de nos jours que quiconque portera l'aunée sur soi aura le don de se faire aimer et n'aura point d'ennemi. Mais, dans tous les cas, il faut disent-ils qu'elle soit cueillie à une certaine époque de l'année.

Violette. — Tout le monde connaît la violette, cette charmante fleur qui nous annonce le retour du printemps. On aime à cueillir cette fleur des champs qui, chaque année, s'offre la première à nos regards ; elle exhale un doux parfum qui souvent la trahit.

Quand sa corolle perce le gazon, c'est comme un sourire de bonheur précurseur de la belle saison.

C'est alors le cas de répéter avec André Lemoyne :

> O fille du printemps ! douce et touchante image
>   D'un cœur modeste et vertueux.
> Du sein de ces gazons tu remplis le bocage
>   De tes parfums délicieux.
> Que j'aime à te chercher sous l'épaisse verdure
>   Où tu crois fuir mes regards et le jour
> Au pied d'un chêne vert qu'arrose une onde pure
>   L'air embaumé m'annonce ton séjour.
> Mais ne redoute pas cette main généreuse
>   Sans te cueillir j'admire ta fraîcheur.
>   Je ne voudrais pas être heureux
>   Même aux dépens d'une fleur.

Les anciens qui ont avant nous savouré le parfum de cette fleur, ont imaginé que Jupiter ayant métamorphosé en génisse la belle Io, fit naître la violette pour lui procurer une pâture digne d'elle.

Mandragore. — Les sorciers et les charlatans s'obstinent à vouloir trouver dans la racine de cette plante une ressemblance avec la figure humaine ; aussi ils lui attribuent des propriétés plus ou moins absurdes.

L'Herbe aux Perles. — Ainsi nommée à cause de ses micules lisses, dures, d'un gris de perle, passait pour guérir de la pierre.

La Perce-pierre. — Qui croit le long des murs, entre les pierres qu'elle brise pour se frayer un passage, a été également revêtue de propriétés anticalculeuses.

La Pulmonaire a sur ses feuilles des taches blanches qui, d'après certaines gens, ont une analogie avec les maladies du poumon.

La Dentaire. — Son rhisome en forme de dent a été recommandé pour la goutte.

La Renoncule ficaire. — Connue à la campagne sous le nom de Bec de Grole, avait la propriété de guérir les hémorroïdes, en raison de la ressemblance qui existait entre la forme de ses racines et les tumeurs hémorroïdales.

Le Plantin, Corne de Cerf. — Etait recommandé pour la morsure des chiens enragés.

La Linaire vulgaire guérissait de la jaunisse.

7.

Le Sang de Dragon pour les crachements de sang.

Les Scabieuses pour les dartres.

Une autre *Scabieuse*, nommée Mort du Diable, a été revêtue de mille propriétés bienfaisantes, parce que sa racine tronquée et presque rongée à son extrémité suggérait dans les siècles passés l'idée que c'était une morsure faite par le diable pour détruire une plante si précieuse à l'homme.

L'Osmonde lunaire passait pour avoir des rapports avec la lune à cause de la forme de ses feuilles en croissant.

La Carotte, l'*Epine vinette*, ont été réputées bonnes contre la jaunisse.

L'Euphrasie officinale a été de tout temps considérée comme propre à guérir le larmoiement et à fortifier la vue, parce qu'on voyait une ressemblance entre les fleurs de l'Euphrasie et l'œil.

Chardon. — Les taches blanches que l'on a remarqué sur les feuilles de chardon ont donné naissance à une touchante légende. On supposait que c'était des gouttes de lait tombées du sein de la vierge. De là on a recommandé ses propriétés désobstruantes. Voilà

où on en était encore à la campagne il y a
quelque temps, j'ose même dire que tout
cela n'est pas entièrement disparu. Les sorciers, les empiriques et les charlatans exploi-
taient à leur gré la crédulité publique. On se
mettait entre les mains de ces gens peu scru-
puleux qui souvent ne possédaient aucune
notion de médecine. Ils vous fabriquaient des
remèdes plus ou moins bizarres qui ne faisaient souvent ni bien ni mal, mais qui, dans
tous les cas, vidaient la bourse.

Bien que les légendes, les superstitions et
les préjugés attribuent à plusieurs plantes des
vertus qu'en général elles n'ont pas, il en est
cependant qui ont des propriétés indiscuta-
bles, souvent malfaisantes.

Nous devons toutefois bien nous garder de
nous servir de ces plantes comme médica-
ment, lors même que quelques-unes d'entr'elles renfermeraient une essence propre à
guérir certaines maladies.

Nous ne connaissons en effet ni la préparation ni la dose convenable ; dans ce cas, le
remède serait souvent pire que le mal. Donc,
il vaut toujours mieux avoir recours à un
homme de l'art.

VÉGÉTAUX

AYANT DES

PROPRIÉTÉS MALFAISANTES

Pour n'en citer que quelques-uns des plus connus, nous trouvons le Fusin (connu à la campagne sous le nom de *Varech)*. Il arrive souvent au printemps que les moutons ou les chèvres qui en ont mangé des jeunes pousses sont indisposés ; ils ont bientôt le corps couvert de tumeurs malignes qui souvent entraînent la mort, si on n'enraye pas le mal. On ne se rend naturellement pas compte de cette maladie qui sévit ainsi sur le troupeau à l'improviste. Quelques gens arriérés courent encore au plus vite chercher le toucheur pour conjurer le mal qui, malgré tout, ne fait que continuer ses ravages. De là, on conclut qu'un sort a été jeté sur le troupeau ; on va ensuite consulter le devin qui répond toujours d'une façon évasive. Souvent les pauvres bêtes succombent, ce qui ne serait pas arrivé si on avait eu recours au vétérinaire.

La plupart des maladies dont les animaux domestiques sont atteints, n'ont souvent pas d'autre origine qu'une plante pernicieuse qu'ils consomment soit à l'étable, soit dans les pâturages.

On peut diviser ces plantes en quatre classes :

La première comprend les âcres et enflammantes, telles que les Renoncules ou Boutons d'or, connues sous le nom de Poteloube ; les Anémones, surtout celle des bois, provoquent la dysenterie ; les Colchiques (ou Veilleuses), les Euphorbes (ou herbe au lait), les Ellébores, les Clématites, les Laîches qui blessent la langue des chevaux, les Glaïeuls, les Iris, les Juncogos, les Queues de cheval ; enfin les Joncs et Roseaux, dont les feuilles tranchantes irritent et déchirent les organes digestifs. Les indigestions par irritation de la panse, les évacuations sanguinolentes sont souvent produites par ces plantes.

Dans la deuxième sont rangées les âcres échauffantes, telles que beaucoup de Crucifères.

A la troisième appartiennent les plantes narcotiques, telles que la Belladone (ou Belle-Dame), les Coquelicots, qui sont de la famille des Papavéracées ou Pavots, sont dangereux absorbés seuls et en grande quantité, en raison de leurs propriétés échauffantes.

Mais la plus funeste de ces plantes est l'Ivraie ou Zizanie à longs épis, qui croît parmi le froment et l'avoine. Elle est surtout très dangereuse quand elle commence à pousser. Ses effets sont les vertiges, maux de tête, des faiblesses fréquentes et des mouvements convulsifs. Elle occasionnerait même des maladies épizootiques chez les animaux qui en mangeraient souvent.

Enfin, dans la quatrième catégorie on peut classer les Gratioles qui constituent un purgatif très énergique et toutes les ombellifères suspectes comme la grande Ciguë œnanthe et combien d'autres encore.

Nous voyons donc par là que plusieurs

maladies dont les animaux sont atteints ont une cause végétale. Si on connaissait la Botanique, on pourrait donc souvent se rendre compte d'où proviennent ces maladies et même les éviter aux animaux.

De plus, au lieu d'avoir recours aux toucheurs et aux empiriques qui, comme nous l'avons dit plus haut, s'ils ne font pas de mal n'apportent aucun soulagement, on irait directement s'adresser au vétérinaire.

Les CHAMPIGNONS

Quelques mots sur les champignons.

Les champignons, en raison de leur nature riche en azote, constituent un aliment presque aussi nutritif que la viande. Certaines espèces sont recherchées à cause de leur goût fin et délicat. Il en est d'autres moins agréables peut-être, mais qui jouent néanmoins un grand rôle dans l'alimentation en Russie, en Hongrie. On en consomme également beaucoup dans les Vosges.

Les principales espèces reconnues en France comme comestibles sont :

L'Agaric comestible.
L'Agaric Mousseron.
L'Agaric délicieux.
L'Agaric élevé.
La Chanterelle comestible.

La Morille ordinaire.
La Trémelle mésentère.
Les Hydnes.

Indépendamment de ces espèces, qui sont reconnues inoffensives et propres à l'alimentation, il en existe un grand nombre de vénéneuses et qui ont tellement de ressemblance avec les premières qu'on peut malheureusement s'y tromper bien souvent.

Aussi, chaque année, on a à déplorer bon nombre d'accidents, et plusieurs familles périssent empoisonnées par ces végétaux.

Dans les grandes villes, les empoisonnements causés par les champignons sont assez rares, car les marchands sont l'objet d'une inspection rigoureuse et ne sont autorisés à mettre en vente que quelques espèces parfaitement connues et très faciles à distinguer.

Malheureusement, il n'en est pas de même dans nos campagnes, où chacun ramasse lui-même les champignons qui lui conviennent. Souvent on dédaigne une espèce inoffensive, pour en cueillir une autre des plus terribles.

La croissance de ces végétaux est aussi bizarre que variée. Les uns s'élancent du sein des pelouses ou des bruyères, en pyramides, en parasols, d'autres étalent sur le flanc des coteaux herbeux leurs chapiteaux de pourpre moucheté. D'autres naissent au milieu des bois, ceux-ci se hérissent en pointe, ceux-là sont formés de pellicules imitant des perles de formes et de couleurs variées.

Quelques-uns sont d'un tissu si délicat que le moindre souffle de vent menace leur existence. Beaucoup végètent sur la terre, d'autres se cachent dans son sein.

Dès la plus haute antiquité, on regardait les champignons comme des plantes alimentaires ayant des propriétés vraiment nutritives. Plusieurs auteurs en ont parlé, entr'autres : Sénèque, Pline, Juvénal, Cicéron. Apicius, le plus célèbre gastronome de l'antiquité, a fait un traité sur les champignons.

Il nous rapporte que chez les Romains, lorsque les Patriciens invitaient des inférieurs à leur table, le repas était composé de plusieurs espèces de champignons. Ils prenaient pour eux ceux qui étaient réputés comme faisant partie de la première qualité, tandis qu'ils ne servaient à leurs convives que des variétés de second ordre.

Aujourd'hui, il y a beaucoup d'ouvrages

qui traitent des champignons. Il en est un
qui a paru dans ces derniers temps qui devrait
être entre les mains de tous les amateurs de
ces végétaux.

Ce volume a pour titre : *Les Champignons
de France :* Histoire, description, usage des
espèces comestibles, suspectes, vénéneuses,
employées dans l'économie domestique et la
médecine, par S. F.

Beaucoup de moyens ont été mis en pra-
tique pour distinguer les bons des mauvais
champignons, mais ils sont pour la plupart
aussi absurdes les uns que les autres.

Dans tous les cas les bons doivent avoir un
goût fin et agréable, ces deux caractères ont
leur importance. Comme le dit Delille :
L'odorat sert le goût et l'œil sert l'odorat.

En toute circonstance, il faut redouter ceux
qui croissent dans les lieux humides et om-
bragés et qui végètent sur des corps en
décomposition, tels que troncs d'arbres pour-
ris, etc.

Le moment de la récolte a aussi son importance. On a moins à redouter leurs effets
lorsque la rosée est évaporée sous l'influence

des rayons du soleil par un temps sec et chaud.

Enfin, le meilleur moyen de ne pas tomber dans l'erreur est de connaître parfaitement les distinctions botaniques qui ont été clairement établies par la science.

Les propriétés désorganisatrices des champignons ne produisent pas seulement leurs terribles effets sur les êtres animés dont elles causent si souvent la mort.

Vers la fin du xviiie siècle, *Le Foudroyant*, un des plus beaux vaisseaux de guerre qui existait alors, était à peine construit, qu'un champignon le dévasta, à ce point qu'aucun effort ne put arrêter son œuvre de destruction.

En 1809, Napoléon Ier, ému par le récit des terribles accidents que causaient chaque année les champignons, ne craignit pas de distraire ses regards des champs de bataille pour chercher un remède à ce fléau.

Il donna l'ordre de faire afficher aux portes des mairies, écoles et lycées, des dessins coloriés représentant les espèces salubres et les espèces vénéneuses et en établissant les distinctions.

Malheureusement, cet arrêté ne fut pas toujours respecté et après la chute de l'Empereur il tomba en désuétude.

** **

Le but que nous nous sommes proposé en écrivant cette causerie n'est point d'instruire le lecteur, mais bien de faire aimer et d'encourager l'étude des plantes et en même temps de faire disparaître les superstitions et les préjugés qui, semblables à une mauvaise herbe, sont si profondément enracinés dans nos campagnes.

Heureux si, dans cette tâche des plus ardues, nous avons pu faire œuvre utile.

TABLE DES MATIÈRES

Imprimerie E. Goussard, Melle (Deux-Sèvres).